Elie Shaddaï

COMBAT SPIRITUEL

Elie Shaddaï

COMBAT SPIRITUEL

Un Redoutable Revolver des prières de guerre pour tous les généraux de l'Eternel des armées, bien pour l'autodélivrance

Éditions Croix du Salut

Cover image: www.ingimage.com

Publisher:
Éditions Croix du Salut
is a trademark of
Dodo Books Indian Ocean Ltd. and OmniScriptum S.R.L publishing group

120 High Road, East Finchley, London, N2 9ED, United Kingdom
Str. Armeneasca 28/1, office 1, Chisinau MD-2012, Republic of Moldova, Europe
Printed at: see last page
ISBN: 978-620-3-84604-1

LE COMBAT SPIRITUEL

" Le sort de l'homme sur la terre est celui d'un Soldat, et ses jours sont ceux d'un mercenaire "
(Job 7.1)

Apôtre Elie Shaddaï

DÉDICACE SPÉCIALE

À

La Prophétesse Brigitte Esther Betchem

PRÉFACE

Dans les saintes écritures, il est écrit : " Le sort de l'homme sur la terre est celui d'un Soldat, et ses jours sont ceux d'un mercenaire "(Job 7.1). Cette parole sainte révèle que l'Eternel vous a destinés à vivre dans ce monde comme un soldat, avec l'esprit d'un Soldat de Jésus-Christ, comme un véritable guerrier, étant toujours puissamment armés pour mener jour et nuit le combat spirituel, le bon combat de la foi contre le serpent ancien, autrement appelé Satan ou le diable qui œuvre contre les enfants de Dieu, de concert avec ses ministres qui sont des esprits démoniaques. Vivre dans ce monde sans combattre contre les puissances des ténèbres, c'est ignorer votre destin militaire divinement défini. Marcher sur cette terre sans lutter contre Satan et ses démons, c'est ignorer que le monde des ténèbres fait la guerre contre vous, que vous priiez contre l'armée de Satan ou pas.

Le combat spirituel est une guerre spirituelle, une guerre opposant Satan à Dieu, un affrontement spirituel entre les esprits démoniaques et les nés de nouveau. C'est la guerre des armées sataniques contre les armées de l'Eternel.

Ce livre intitulé " Combat spirituel " est un livre des prières de guerre diligentées contre le royaume de Satan, avec pour objectif la destruction des œuvres du diable dans votre vie, dans votre famille, dans votre nation, et dans la vie de ceux pour qui vous priez. C'est un Puissant Revolver (Pistolet) puissamment chargé dans les mains des hommes et femmes de guerre que vous êtes. Si vous avez la grâce de lire ce livre, sachez que l'Eternel vous a destinés à combattre contre Satan, et veut de vous dans ses milices, dans son cortège triomphal.

Êtes-vous attaqués ou oppressés par les puissances des ténèbres ? Êtes-vous victimes de la sorcellerie familiale ? Êtes-vous sous l'emprise d'un papy-water ou d'une mamys-water ? Avez-vous des attaques maléfiques dans vos rêves ou physiquement ? Ressentez-vous l'influence maléfique dans votre famille, dans votre ministère, dans votre foyer, dans votre entreprise, ou dans votre vie personnelle ? Tout ce que vous entreprenez a-t-il du mal à prospérer ? Êtes-vous influencés par des personnes médiocres utilisant des forces occultes dans votre lieu de service pour vous empêcher d'avoir une promotion nonobstant votre performance ou votre professionnalisme ? Si vous subissez une quelconque oppression maléfique mentionnée ou pas mentionnée dans cette liste, sachez que les ténèbres combattent contre vous, réalisez qu'une main noire est tendue contre vous, levez-vous dans la prière du combat spirituel, contrattaquez, et utilisez toutes les armes offensives et défensives de notre Souverain Seigneur Jésus-Christ contre Satan et son royaume, pour votre parfaite délivrance, pour votre autodélivrance. Utilisez les prières de ce livre pendant vos moments de prière matin et soir, pendant vos retraites spirituelles (avec ou sans jeûne), pendant vos réunions de prières d'ensemble à l'Église,à la maison, ou à la cellule de prière, et vous serez merveilleusement témoins de l'intervention divine dans votre vie, dans votre ministère, dans votre famille, dans vos affaires, dans votre foyer, dans votre lieu de service. Levez-vous et combattez, ou alors mettez-vous à genoux et combattez pour détruire les œuvres des ténèbres au nom puissantissime de notre Souverain Seigneur Jésus-Christ de Nazareth.

Lignes de Prières des soldats de Jésus-Christ

1.Revêtons-nous de toutes les armes de Dieu (Ep 6 . 10-17) :

Prions :

- Je me fortifie dans le Seigneur, et par sa force toute-puissante, au nom puissant de Jésus-Christ.
- Je me revêts de toutes les armes de Dieu, afin de tenir ferme contre les ruses du diable au nom puissantissime de Jésus-Christ.
- Je confesse que mon combat n'est pas charnel, mais spirituel, au nom de Jésus-Christ.
- Je me arme de la vérité pour ceinture, détruisant tout mensonge dans mes reins au nom de Jésus-Christ.
- Je revêts la cuirasse de justice, le zèle pour chaussures, le bouclier de la foi, le casque du Salut, et l'épée de l'Esprit qui est la parole de Dieu, au nom de Jésus-Christ.
- Je déclare que je suis puissamment armé (e) du sang de l'Agneau et de la Parole de mon témoignage, pour vaincre Satan le serpent ancien, au nom puissant de Jésus-Christ de Nazareth.
- Je porte sur moi toute l'amure complète des guerriers imbattables de l'Eternel des armées, au nom puissant de Jésus-Christ.
- Je confesse que les armes avec lesquelles je combats ne sont pas charnelles, mais spirituelles et efficaces, pour renverser les forteresses démoniaques, pour détrôner les principautés, pour assujettir les dominations, pour réduire à l'impuissance les autorités, et pour précipiter

dans l'étang ardent de feu tous les esprits méchants dans les lieux Célestes, au nom puissant et souverain de Jésus-Christ de Nazareth.

- Je me tiens sur l'autel de la croix, et je me revêts du manteau du lion de la tribu de Juda, et je frappe à mort tous mes ennemis récalcitrants au nom de Jésus-Christ.
- Revêtu (e) de Rabbi Rabbouni, le Christ du Dieu vivant, je me déclare invisible aux yeux des puissances des ténèbres, et toujours invincible par le bras puissant de l'Eternel des armées, au nom de Jésus-Christ.
- Généralissime de Dieu, mes armes sont plus puissantes que celles de tous mes adversaires invisibles et Visibles, au nom puissant de Jésus-Christ.
- Je me revêts d'un manteau du sang de l'agneau, et je sors en vainqueur pour vaincre au nom de Jésus-Christ de Nazareth.
- Les hommes armés de ce monde portent des tenues faites des mains d'hommes, mais moi, Soldat indomptable de Jésus-Christ, je revêts Christ, mon bouclier protecteur, au nom puissant de Jésus-Christ.
- Je prends avec moi et sur moi, toutes les armes offensives et défensives de l'Eternel des armées, et je suis puissamment et invinciblement armé (e) pour tout combat spirituel au nom puissantissime de Jésus-Christ.
- l'Eternel est mon Berger, l'Eternel est mon Bouclier au nom de Jésus-Christ.
- l'Eternel est ma forteresse, ma haute retraite, au nom de Jésus-Christ.
- l'Eternel des armées est ma cuirasse, et mon Salut, au nom de Jésus-Christ.
- Dans tous mes combats, toutes les armées célestes du Très-Haut se lèvent en ma faveur et frappent tous mes ennemis au nom de Jésus-Christ.
- En Jésus-Christ, je combats dans la victoire, et je suis plus que vainqueur au nom de Jésus-Christ.

Amen. Amen.Amen.

2. Prions avec Éphésiens 6.12 :

- Toute domination infernale déchaînée contre moi prend feu maintenant au nom de Jésus-Christ.
- Toute domination infernale déchaînée contre ma famille prend feu maintenant au nom de Jésus-Christ.
- Toute domination infernale déchaînée contre mes affaires et mes finances, prend feu maintenant au nom de Jésus-Christ.
- Toute domination infernale déchaînée contre mon ministère, prend feu maintenant au nom de Jésus-Christ.
- Toute domination infernale déchaînée contre mes années de vie sur terre soit foudroyée au nom de Jésus-Christ
- Toute domination infernale déchaînée contre mes rêves prend feu maintenant au nom de Jésus-Christ.
- Tout esprit méchant dans les lieux célestes combattant mes prières soit en feu maintenant au nom de Jésus-Christ.
- Tout esprit méchant dans les lieux célestes, ennemi de mon exaucement, soit foudroyé au nom de Jésus-Christ.
- Toute principauté lançant une offensive contre ma vie spirituelle, contre ma vie familiale, contre ma vie professionnelle,prend feu au nom de Jésus-Christ.
- Toute confrérie des principautés attaquant ma destinée et mon étoile, soit déstabilisée et consumée par le feu du Saint-Esprit, au nom de Jésus-Christ.
- Je renverse et détruis toute domination, toute autorité, toute principauté, et tout esprit méchant dans les lieux célestes oeuvrant contre moi au nom de Jésus-Christ.

- Roi des rois, détruis le destructeur qui lançait un assaut contre moi dans les campagnes et les Cités, au nom de Jésus-Christ.
- Père Saint, déchire les cieux et descends, et que les obstacles devant moi soient fracassés au nom de Jésus-Christ.
- Saint-Esprit de Dieu, consume en moi l'œuvre des puissances des ténèbres, au nom puissantissime de Jésus-Christ.
- Tout esprit puisant sa force dans l'eau pour me faire la guerre, soit violemment secoué et renversé par un tonnerre divin au nom de Jésus-Christ.
- Tout roi de Perse combattant mon ange d'exaucement dans les cieux, soit foudroyé et paralysé au nom Suprême de Jésus-Christ.
- Toute confrérie des dominations sataniques relâchée contre mon ministère et mes affaires, soit tourmentée et incendiée au nom de Jésus-Christ.
- Tout oiseau de mauvaise augure en mission contre moi et ma maison, prend feu en chemin au nom de Jésus-Christ.
- Tout gazam relâché contre moi et mes entreprises depuis le monde des ténèbres, soit stoppé et consumé par le feu du Saint-Esprit, au nom puissant de Jésus-Christ de Nazareth.
- Toute assemblée de sorcellerie familiale délibérant contre ma destinée, prend feu maintenant au nom de Jésus-Christ.
- Tout sanhédrin siégeant religieusement contre moi soit ébranlé par un tonnerre de feu et balayé par un ouragan violent au nom de Jésus-Christ.
- Tout ennemi de ma marche avec Dieu soit précipité dans le lac de feu au nom de Jésus-Christ.
- Je déchire tout voile démoniaque imposé sur moi au nom de Jésus-Christ.
- Toute main noire tendue contre moi dans un temple ou dehors, soit paralysée au nom de Jésus-Christ.
- Tout culte de jéroboam contre mon ministère soit détruit par le feu au nom de Jésus-Christ.

- Tout culte de Balaam et de Balaq contre ma destinée soit détruit au nom de Jésus-Christ de Nazareth. Amen. Amen.Amen

3. Prions contre les autels sataniques :

3.1. Démolis l'autel de Baal I (Juges 6) :

La Bible déclare : " Dans la même nuit, l'Eternel dit à Gédéon :" Prends le jeune taureau de ton père, et un second taureau de sept ans . Renverse l'autel de Baal qui est à ton père, et abats le pieu sacré qui est dessus " (Juges 6.25).

PRIONS maintenant :

- Tout autel satanique et familial érigé par mon père prend feu et soit démoli au nom puissant de Jésus-Christ de Nazareth.
- Tout autel satanique de la maison de ma mère, soit démoli et consumé au nom puissant de Jésus-Christ.
- Tout pieu sacré consacré à Astarté dans la maison de mon père prend feu maintenant au nom de Jésus-Christ de Nazareth.
- Tout pieu sacré consacré à Astarté dans la maison de ma mère, prend feu aujourd'hui et maintenant, au nom de Jésus-Christ.
- Tout Baal assis sur le trône de la maison de mon père et régnant contre le destin de ma famille prend feu maintenant au nom de Jésus-Christ.
- Autel, autel, toi que mes ancêtres ont autrefois érigé contre moi et ma maison, prend feu et brûle au nom de Jésus-Christ.
- Toute sorcellerie des autels opérant contre ma vie, soit localisée par le feu dévastateur au nom de Jésus-Christ.
- Vivant(e), ressuscité (e), Je quitte l'autel satanique où j'étais déjà posé(e) comme victime des ténèbres au nom de Jésus-Christ.
- Je proclame ma résurrection et je détruis le ministère des autels sataniques dans ma vie et dans ma famille, au nom de Jésus-Christ.

- Tout autel satanique érigé contre moi par la chefferie de mon village ou de ma ville, de mon quartier, ou de ma famille, prend feu maintenant au nom puissantissime de Jésus-Christ.
- Tout sanctuaire de Baal où se célèbrent des Cultes contre ma destinée, soit déstabilisé et incendié au nom de Jésus-Christ.
- Tout sacrificateur de Baal rendant ministère contre moi soit localisé et paralysé par le tonnerre au nom de Jésus-Christ.
- Toute souffrance imposée à ma vie, à ma famille, à ma nation, à mon village, et à mes affaires, par l'autel de Baal, soit stoppée et réduite à l'impuissance au nom de Jésus-Christ.
- Je libère ma vie et ma nation, ma famille et mon village, des autels de Baal au nom puissant de Jésus-Christ de Nazareth. Amen. Amen.Amen.

l'Eternel Dieu dit aussi à Gédéon : " Tu bâtiras ensuite et tu disposeras, sur le haut de ce rocher, un autel à l'Eternel ton Dieu.Tu prendras le second taureau, et tu offriras un holocauste, avec le bois de l'idole que tu auras abattue " (Juges 6.26) .

PRIONS Pour Bâtir un autel à l'Eternel :

- Béni soit l'Eternel le Dieu d'Israël mon Père, aux siècles des siècles, au nom de Jésus-Christ.
- Je Bâtis dans la concession de ma famille et sur le rocher des siècles, un autel à l'Eternel des armées, au nom de Jésus-Christ.
- Tout lieu autrefois dédié à Satan dans la maison de mon père, est dorénavant dédié à l'Eternel des armées au nom de Jésus-Christ.
- Je construis dans mon ministère, un autel de paix , d'émergence, de victoire, et de gloire, consacré à l'Eternel des armées, au nom puissant de Jésus-Christ de Nazareth.

- Eternel, à toi la dédicace de l'autel que je Bâtis dans toute ma famille au nom de Jésus-Christ de Nazareth.
- Que le feu de l'Eternel brûle sur l'autel que j'ai bâti dans ma famille dès maintenant et pour toujours, au nom de Jésus-Christ de Nazareth.
- Sur l'autel nouvellement bâti dans ma famille, j'élève mes prières pour la paix , la prospérité, et le bonheur de ma famille, de mon village, et de ma nation, au nom de Jésus-Christ.
- Père éternel, restaure parfaitement ma vie, ma famille, mon village, ma ville, ma nation, mon ministère, et mes entreprises, au nom puissant de Jésus-Christ de Nazareth.
  Amen. Amen.Amen.

3.2. Détruis l'autel de Jéroboam (1Rois13) :

- Tout Jéroboam qui a érigé un autel contre moi, contre ma famille, contre mon ministère, contre mon entreprise, soit frappé par correction au nom de Jésus-Christ de Nazareth.
- Tout roi-prêtre dressé contre l'Église de Jésus-Christ soit paralysé par le tonnerre au nom de Jésus-Christ.
- Tout autel de jéroboam érigé dans mon village contre l'unité du Corps de Christ, soit démoli au nom de Jésus-Christ.
- Tout autel satanique érigé par Jéroboam pour diviser le peuple de Dieu, soit foudroyé au nom de Jésus-Christ.
- Tout sanctuaire de Jéroboam soit vidé et incendié au nom de Jésus-Christ.
- Je prophétise la colère de l'Eternel des armées contre l'autel de jéroboam dans ma nation au nom de Jésus-Christ.
- Je paralyse tout prêtre détourneur de brebis, au nom de Jésus-Christ .

- Que le feu du Saint-Esprit consume tout autel de jéroboam dans mon quartier, dans mon pays, au nom de Jésus-Christ.
- Toute influence de l'autel de jéroboam sur mon ministère soit stoppée complètement au nom de Jésus-Christ.
- Tout culte de Jéroboam célébrant la division du peuple de Dieu, soit détruit par le feu, au nom puissant de Jésus-Christ.
- Toute célébration du temple de jéroboam contre l'Église de Jésus-Christ dans cette ville, dans ce village, dans ce pays, dans ce quartier, soit tournée en ridicule contre jéroboam de ma nation au nom de Jésus-Christ.
- Tout autel de jéroboam dans cette nation soit profané et complètement détruit, au nom de Jésus-Christ de Nazareth.
- Je proclame la victoire du Corps de Christ sur l'autel de jéroboam au nom de Jésus-Christ.
- Tout esprit de Jéroboam infiltré dans l'Église, dans la famille, soit foudroyé et délogé au nom de Jésus-Christ.
- Tout trône de Jéroboam influençant négativement ma destinée, soit détruit au nom de Jésus-Christ.
- Que l'Eternel des armées poursuive et renverse tous les sacrificateurs de l'autel de jéroboam au nom de Jésus-Christ.
- Tous prophètes attachés au service de l'autel de jéroboam soient localisés et frappés par correction au nom de Jésus-Christ.
- Que l'esprit du vieux prophète sur mon chemin soit toujours impuissant au nom de Jésus-Christ.
- Je refuse d'écouter les prophéties du vieux prophète qui veut m'égarer au nom de Jésus-Christ.
- Toute révélation des prophètes de Jéroboam pour détruire les ministres d'Élohîm, soit réduite à l'impuissance au nom de Jésus-Christ.
- Tout vieux prophète voulant ma mort tombe à la renverse au nom de Jésus-Christ.

- Père, extermine l'esprit de jéroboam dans les Églises, et dans notre pays au nom de Jésus-Christ.
- Toutes les brebis de mon ministère séparées du ministère par l'esprit de jéroboam, reviennent à la raison et dans le ministère au nom de Jésus-Christ.
- Tout envoûtement de Jéroboam divisant cette Eglise, cette famille, cette nation, soit détruit au nom de Jésus-Christ.
- Je proclame l'échec des plans de jéroboam sur ma vie, sur mon ministère, sur le corps de Christ, au nom de Jésus-Christ.
- Eternel, humilie l'esprit de jéroboam, vide ses temples, réunis et restaure ton peuple, ton Eglise, et chaque famille divisée, au nom de Jésus-Christ de Nazareth. Amen. Amen. Amen.

3.3. Destruction des autels de Balaam et Balaq (Nombre 22 - 23) :

- Comme Israël antique, je me couche et me lève avec l'esprit du lion, car le Lion de la tribu de Juda réside de façon permanente en moi, au nom de Jésus-Christ.
- Tout service cultuel de Balaam et Balaq contre moi , contre l'Église de Jésus-Christ, contre mon foyer ou ma famille,soit réduit à néant au nom de Jésus-Christ.
- Tout premier autel de des associés sorciers Balaam et Balaq érigé contre moi et mon peuple, soit détruit par le feu du Saint-Esprit au nom puissantissime de Jésus-Christ de Nazareth.
- Tout second autel Balaamique dressé contre moi soit ébranlé et incendié au nom puissant de Jésus-Christ.

- Je démolis le troisième autel satanique dressé par la convention Balaam-Balaq contre Israël, contre moi, contre ma famille, contre mon présent et mon futur, au nom puissantissime de Jésus-Christ de Nazareth.
- Ô Dieu des armées célestes, par la puissance du Saint-Esprit, laisse que le quatrième autel satanique érigé par la confrérie démoniaque Balaamique prenne feu maintenant au nom de Jésus-Christ de Nazareth.
- Je décrète le feu du jugement divin contre le cinquième autel de Balaam-Balaq, au nom de Jésus-Christ.
- Que le sixième autel de Balaam-Balaq érigé pour maudire ma vie, ma famille, mon ministère, mes affaires, ma nation, mon village, ma ville, soit détruit et consumé par un tonnerre de feu au nom de Jésus-Christ.
- Septième autel satanique dressé par la confrérie des sorciers Balaam-Balaq, crachant la malédiction contre moi, prends feu et que tes malédictions soient toutes changées en bénédictions sur ma vie au nom de Jésus-Christ de Nazareth.
- Tout enchantement des autels sataniques piloté contre moi et ma famille, soit déclaré impuissant face à nous au nom de Jésus-Christ.
- Je confonds par le feu, toute confrérie des sorciers Balaam-Balaq, et je divise leurs langues au nom de Jésus-Christ.
- Eternel des armées célestes, lève-toi et apparais contre Balaam sur le chemin qu'il empruntait voulant me maudire, au nom de Jésus-Christ.
- Esprits de Balaam et de Balaq, prennez feu et soyez confus et étourdis au nom de Jésus-Christ.
- Comme Balaam, tout marabout levé ou payé contre moi et ma famille, soit stoppé et menacé par l'épée de l'Esprit en chemin, au nom de Jésus-Christ.
- Je bloque tout engin utilisé contre moi et ma famille au nom de Jésus-Christ.

- Je détruis les visions des féticheurs et autres ministres de Satan consultés contre moi au nom puissantissime de Jésus-Christ de Nazareth.
- Toute malédiction prononcée contre moi sur les autels sataniques dressés par Balaam et Balaq, soit détruite au nom de Jésus-Christ.
- Eternel, étourdis tous ceux qui consultent les marabouts au détriment de ton peuple au nom de Jésus-Christ de Nazareth.
- Je perce les yeux de sorcellerie utilisés par Balaam pour voir mon futur au nom de Jésus-Christ.
- Tout autel de Balaam-Balaq érigé contre mon avenir , prend feu au nom de Jésus-Christ.
- Père, que les Sept autels sataniques dressés par Balaam-Balaq soient incendiés, au nom de Jésus-Christ.
- Je libère de l'influence des sept autels sataniques dressés par Balaam-Balaq, toute ma vie, mon ministère, ma famille, mon foyer, mes affaires, au nom de Jésus-Christ. Amen. Amen. Amen.

3.4. Autel d'Élohîm, crie en ma faveur(Apocalypse 16.4-7) :

La Bible déclare : " Et j'entendis l'autel qui disait : Oui , Seigneur Dieu Tout-puissant, tes jugements sont véritables et justes " (Apocalypse 16.7).

PRIONS maintenant :

- Père saint, juste juge des nations, lève-toi et venge tes saints, au nom de Jésus-Christ.
- Autel céleste du Dieu vivant, crie en ma faveur contre mes ennemis au nom de Jésus-Christ.

- Autel du Saint Temple Céleste consacré au Dieu d'Israël, parle en faveur de ma famille et de tous les saints au nom de Jésus-Christ.
- Que l'Eternel réprime tous ceux qui ont versé le sang des membres de ma famille au nom de Jésus-Christ.
- Que l'Eternel réprime tous ceux qui ont versé le sang des saints Ministres d'Elohîm dans mon pays et partout dans le monde au nom de Jésus-Christ.
- Eternel, écoute la voix de ton autel, et venge le sang des saints et de tous les innocents de ce pays, au nom puissantissime de Jésus-Christ de Nazareth.
- Seigneur des armées célestes, que la voix de ton Autel soit exaucée en faveur de ma famille au nom de Jésus-Christ.
- Père, exerce ton jugement sur tous les impies ayant fait du mal à nos familles au nom de Jésus-Christ.
- Autel de l'Eternel des armées, crie sans cesse contre les ministres de Satan et détruis leurs pouvoirs au nom de Jésus-Christ.
- Béni sois-tu Elohîm au nom de Jésus-Christ. Amen. Amen. Amen.

4. Détruis L'esprit de grenouille (Apocalypse 16.13-14) :

En effet, il est écrit : " Et je vis sortir de la bouche du dragon, et de la bouche de la bête, et de la bouche du faux prophète, trois esprits impurs, semblables à des grenouilles. Car ce sont des esprits de démons, qui font des prodiges, et qui vont vers les rois de toute la terre , afin de les rassembler pour le combat du grand jour du Dieu Tout-puissant " (Apocalypse 16.13-14).

La lecture attentive et approfondie de ces deux versets bibliques susmentionnés révèle que le faux prophète (faux docteur, faux prêtre, faux Pape, faux évêque, faux évangéliste, faux pasteur, bref tout faux ministre du culte) opère des miracles par l'esprit de grenouilles qui est un démon. Ce démon appelé esprit de grenouilles possède le faux prophète ou faux ministre. Quel danger pour ceux sur qui les faux prophètes imposent les mains dans ce monde !!! Que peux-tu recevoir du faux prophète, si ce n'est son démon de grenouilles, toi sur qui il pose toujours ses mains en faisant de fausses prières, de fausses déclarations, de fausses prophéties au nom de Jésus-Christ ? Réveille-toi et sépare-toi du faux prophète et de l'esprit de grenouilles qui le possède.

PRIONS maintenant :

- Père céleste, remplis moi du discernement des esprits au nom de Jésus-Christ.
- Eternel, délivre-moi de l'ignorance et de l'envoûtement des faux prophètes au nom de Jésus-Christ.
- Toute onction démoniaque versée sur moi , sur mes frères, sur mes sœurs, sur mes parents et sur mes enfants, soit détruite par l'onction du Saint-Esprit au nom puissantissime de Jésus-Christ de Nazareth.
- Toute main noire posée sur ma vie pour transférer sur moi des esprits impurs, soit localisée par le feu du Saint-Esprit et paralysée au nom de Jésus-Christ.
- Tout faux prophète caché dans le corps de Christ soit démasqué par la puissance du Saint-Esprit au nom de Jésus-Christ.
- Tout dragon vomissant contre ma vie les esprits impurs, les esprits de grenouilles, pour me plonger dans l'impureté, soit incendié et détruit au nom de Jésus-Christ.
- Toute bête infiltrée dans le corps de Christ, pour séduire les enfants de Dieu, soit exposée et condamnée à la ruine au nom de Jésus-Christ.
- Que les oeuvres du dragon et de toute autre bête démoniaque, soient réduites à l'impuissance au nom de Jésus-Christ.

- Esprits de grenouilles, j'ouvre sur vous et contre vous, le feu du Saint-Esprit, au nom de Jésus-Christ de Nazareth.
- Toi esprit de grenouilles transféré par les faux prophètes dans ma vie, prends feu et libère ma vie , libère mon corps, libère mon âme, libère mon esprit, au nom de Jésus-Christ de Nazareth.
- Tout esprit impur transféré dans mon corps prend feu et libère au nom de Jésus-Christ.
- Tout esprit de grenouilles possédant déjà mes enfants, mes parents, mes frères et sœurs, ma vie spirituelle, prend feu maintenant et libère au nom de Jésus-Christ.
- Je vomis l'impureté et la condamne à ne plus revenir dans ma vie au nom de Jésus-Christ.
- Je vomis l'impureté et toute grenouille jetées dans mon ventre au nom de Jésus-Christ.
- Je vomis tout crapaud jeté dans mon corps au nom de Jésus-Christ.
- Je vomis tout serpent logé dans mon corps au nom de Jésus-Christ.
- Je vomis tout mille-pattes logé en moi comme l'esprit de grenouilles au nom puissantissime de Jésus-Christ de Nazareth.
- Tout impact des esprits des grenouilles dans ma vie, dans ma famille, dans mon ministère, soit détruit au nom de Jésus-Christ.
- Toute sorcellerie des grenouilles opérant contre moi soit détruite par le feu du Saint-Esprit au nom de Jésus-Christ.
- Toute sorcellerie des grenouilles manifestant l'impureté dans mon corps prend feu au nom de Jésus-Christ de Nazareth.
- Toute sorcellerie charismatique ayant transféré sur ma vie une onction démoniaque, soit détruite par le feu du Saint-Esprit au nom de Jésus-Christ.
- Tout esprit de grenouilles me séparant de la sainteté du Dieu Tout-puissant, soit foudroyé au nom de Jésus-Christ.

- Je rejette et condamne les confréries des faux prophètes au nom de Jésus-Christ de Nazareth.
- Je détruis toute grenouille logée dans mes enfants au nom de Jésus-Christ.
- Je détruis toute grenouille logée dans mes parents au nom de Jésus-Christ.
- Je détruis toute grenouille logée dans mes frères et sœurs au nom de Jésus-Christ.
- Esprit de sainteté, entre aujourd'hui en moi, entre dans mes frères et sœurs, entre dans mes enfants, entre dans mes parents, et dans mes amis, au nom de Jésus-Christ.
- Je libère mon ministère des démons de grenouilles au nom de Jésus-Christ.
- Toute sorcellerie des grenouilles relâchée sur moi par le souffle de la bouche des faux prophètes soit détruite et délogée au nom de Jésus-Christ.
- Eternel, restaure parfaitement tes enfants qui par leur marche, ont pris contact avec les esprits de grenouilles au nom de Jésus-Christ.
- Je suis délivré (e) des esprits des grenouilles et des enchantements des faux prophètes au nom de Jésus-Christ. Amen. Amen.Amen.

5. Guerre contre les esprits des eaux(Apocalypse 9.1-11) :

- Tout puits de l'abîme dressé contre moi soit vaincu au nom de Jésus-Christ.
- Tout roi des esprits des eaux relâchant son armée contre moi soit frappé et renversé par un ouragan de feu au nom de Jésus-Christ.
- Reine des aux, esprit assis sur les côtes, prends feu et lâche prise sur ma vie au nom de Jésus-Christ de Nazareth.

- J'incendie tout royaume des ténèbres et le déstabilise par un tonnerre de feu au nom de Jésus-Christ.
- Tous chevaux arnachés contre moi et ma famille, prennent feu aujourd'hui et maintenant au nom de Jésus-Christ.
- Toute sorcellerie des eaux opérant contre mon étoile soit détruite au nom de Jésus-Christ.
- J'envoie le feu du Saint-Esprit contre le royaume des mamys-water, et le mets sens dessus dessous au nom de Jésus-Christ.
- Toute Cyrène en mission contre moi et mon ministère, prend feu et brûle au nom de Jésus-Christ.
- Eternel mon Étendard, remplis moi du Saint-Esprit et rends moi intouchable au nom de Jésus-Christ.
- Père, oins-moi d'une huile fraîche et mets sur mon front ton cachet ,afin que les esprits des eaux qui me poursuivent jour et nuit prennent feu au nom de Jésus-Christ de Nazareth.
- Je déclare la présence du Saint-Esprit dans ma vie, et l'absence totale des esprits des eaux au nom de Jésus-Christ de Nazareth.
- Tout abbaddôn dressé contre moi prend feu maintenant au nom de Jésus-Christ.
- Tout géant de l'eau apparaissant sur la terre contre moi et ma famille prend feu maintenant au nom de Jésus-Christ.
- Esprits des eaux, quelle que soit votre mission contre moi et ma famille, je vous localise par le feu du Saint-Esprit et dévaste tout votre royaume au nom de Jésus-Christ.
- Tout Poison ou venin des puissances de l'abîme dans mon corps prend feu et soit délogé au nom de Jésus-Christ.
- Tous mes mois , mes jours, et mes ans concernés par la mission des esprits des eaux soient délivrés par le feu du Saint-Esprit au nom de Jésus-Christ.

- Je détruis toutes les armes des forces du puits de l'abîme, et les réduis à l'impuissance au nom de Jésus-Christ.
- Je déclare la guerre au royaume des ténèbres cachés dans les eaux au nom de Jésus-Christ.
- Je détruis le trône d'Apollyôn dans le monde souterrain au nom de Jésus-Christ.
- Esprits destructeurs relâchés contre ceux qui n'ont pas le Saint-Esprit, je vous condamne à la destruction au nom de Jésus-Christ.
- Eternel, attaque ceux qui m'attaquent, ruine et tourmente ces puissances spirituelles qui font la guerre à mon corps au nom de Jésus-Christ.
- Tout organe de mon corps ciblé par les esprits de l'eau, soit délivré de leurs pouvoirs au nom de Jésus-Christ.
- Je réprime toute armée souterraine satanique rôdant autour de ma destinée, de ma famille, de mon ministère, de mon pays au nom de Jésus-Christ.
- Je décrète le sceau de Dieu sur mon front, et je suis intouchable au nom de Jésus-Christ.
- Béni soit l'Eternel des armées qui met hors d'état de nuire tous les esprits de l'eau manifestés contre ma vie au nom de Jésus-Christ de Nazareth.
- Seigneur des armées célestes, protège ma vie et ma famille jour et nuit par ta puissance au nom de Jésus-Christ. Amen. Amen.Amen.

6. Délivrance des Vendus (Esaïe 52 . 3) :

La Bible déclare : " Car ainsi parle l'Eternel : C'est gratuitement que vous avez été vendus, et ce n'est pas à prix d'argent que vous serez rachetés " (Esaïe 52.3) :
Juste pour rien, plusieurs personnes sont vendues, même dans la sorcellerie. Sans cause, t'as certainement été vendu(e) ou livré (e) dans la

sorcellerie, dans une secte pernicieuse, mais j'ai une bonne nouvelle pour toi. Ne tremble pas, ne crains pas de mourir à cause de la sorcellerie, ne crains pas de mourir à cause de la rose-croix, ni de la franc-maçonnerie, car Jésus-Christ peut et veut te délivrer gratuitement. Même si tu t'es toi-même vendu(e) à Satan dans des loges sataniques, si tu crois au Seigneur Jésus-Christ et le reçois dans ton cœur maintenant comme ton Seigneur et Sauveur, tu seras réellement délivré (e), ton âme sera éternellement sauvée. Reçois Jésus-Christ .

PRIONS maintenant :

- Seigneur Jésus-Christ, mon péché ne t'est point caché, car tu vois et connais tout. Pardonne mon péché et lave-moi par ton précieux sang. Justifie moi et délivre-moi du péché et de l'enfer. Inscris mon nom dans ton livre de vie et accorde moi la vie éternelle. Seigneur, viens et réside pour toujours en moi et que je demeure aussi en toi, maintenant et à jamais.
- Toute loge satanique où a été livrée ma destinée, soit déstabilisée et incendiée au nom de Jésus-Christ.
- Je sors mon âme des cercles traditionnels de sorcellerie où j'étais vendu(e), et je proclame ma délivrance totale au nom de Jésus-Christ.
- Par le Saint sang de la nouvelle alliance, je suis racheté, et celui à qui on m'a gratuitement vendu(e) perd totalement contrôle sur moi au nom de Jésus-Christ de Nazareth.
- Mon âme, sors de la fosse, et cache-toi en l'Eternel ma haute retraite au nom de Jésus-Christ de Nazareth.
- Toute maison de servitude où j'ai été livré (e) comme une marchandise, soit localisée et brûlée maintenant au nom de Jésus-Christ.
- Je relâche le feu contre toutes les bases rosicruciennes qui influençaient négativement mon esprit et mon âme au nom de Jésus-Christ.

- Que l'Eternel frappe tous les acheteurs d'âmes humaines et les dépouille complètement au nom de Jésus-Christ.
- Eternel, détruis l'argent et la main qui m'ont acheté (e) au nom de Jésus-Christ.
- Père, détruis et précipite tous ceux qui m'ont livré (e) sur une pente glissante au nom de Jésus-Christ.
- Tout Autel sur lequel j'ai été vendu(e) soit maudit et détruit par le feu au nom de Jésus-Christ.
- Toute sorcellerie familiale dans laquelle j'étais vendu(e) lâche prise sur moi aujourd'hui et maintenant, au nom de Jésus-Christ.
- Puissance du Saint-Esprit, que ta droite triomphante me sorte complètement et gratuitement des ténèbres au nom de Jésus-Christ.
- Je ne suis plus vendu(e) à Satan, car je suis désormais racheté (e) par le Saint-Esprit, au nom de Jésus-Christ.
- Je ne suis plus prisonnier des sectes pernicieuses, je suis délivré (e) au nom de Jésus-Christ.
- Toute confrérie des sorciers ayant reçu mon âme comme une marchandise, soit localisée et ébranlée au nom de Jésus-Christ.
- Je livre à la colère de Dieu tous ceux qui m'ont livré (e) à la sorcellerie au nom de Jésus-Christ.
- Père, sanctifie, et rachète mon âme , délivre mon esprit et mon corps des maux de sorcellerie au nom de Jésus-Christ.

Amen. Amen.Amrn.

7.. Détruire les mariages Spirituels (Genèse 6.1-4) :

Comme le dit l'écriture sainte, les anges déchus ont convoité et aimé les filles ou les femmes qu'ils trouvèrent belles sur la terre. Ces relations amoureuses entre anges ayant perdu la raison et femmes n'ont jamais été la volonté de l'Eternel notre Souverain Père. De ces relations illicites sont venus les géants.Il n'est donc pas étonnant que les humains soient toujours aujourd'hui même en songe convoités, désirés sexuellement par des esprits impurs, par des démons ou par des esprits de sorcellerie.

PRIONS maintenant :

- Tout mariage spirituel et démoniaque dans ma vie soit détruit par le feu du Saint-Esprit au nom de Jésus-Christ.
- Tout célibat ou divorce mystiquement proclamé contre ma vie, soit annulé au nom de Jésus-Christ.
- Tout mari ou femme spirituel (le) attaché(e) à ma vie, soit foudroyé et détruit par le feu au nom de Jésus-Christ.
- Je déchire et brûle tous les Actes de mariage signés dans les mairies de sorcellerie au nom de Jésus-Christ.
- Tout agent satanique célébrant les mariages spirituels pour nuire à l'épanouissement personnel de l'homme ou de la femme, soit démantelé et détruit au nom de Jésus-Christ.
- Anges déchus, vous qui vous levez contre moi sentimentalement, recevez contre vous le feu du Saint-Esprit au nom de Jésus-Christ.
- Tout esprit femme ou homme de nuit dans ma vie, prends feu et va-t-en maintenant au nom de Jésus-Christ.
- Je me sépare totalement de vous maris et femmes ténébreux au nom de Jésus-Christ. Je suis délivré (e) au nom de Jésus-Christ. Amen.Amen.

8. Délivrance des brebis destinées à l'abattoir :

Dans la vie courante, certaines personnes savent qu'on ne parle d'abattoir que celui où les bouchers égorgent les animaux destinés à la consommation. Cependant, la méchanceté domestique ou tout simplement celle du genre humain considère certaines personnes comme des animaux à abattre dans leur boucherie. Le prophète Jérémie, révélant son expérience personnelle à propos de la méchanceté domestique et du ministère de l'abattoir familier, déclare : " l'Eternel m'en a informé, et je l'ai su ; Alors tu m'as fait voir leurs œuvres . J'étais comme un agneau familier qu'on mène à la boucherie, Et j'ignorais les mauvais desseins qu'ils méditaient contre moi : Détruisons l'arbre et son fruit ! Retranchons - le de la terre des vivants, Et qu'on ne se souvienne plus de son nom ! Mais l'Eternel des armées est un juste juge, qui sonde les reins et les cœurs . Je verrai ta vengeance s'exercer contre eux, car c'est à toi que je confie ma cause. C'est pourquoi Ainsi parle l'Eternel contre les gens d'Anathoth, qui en veulent à ta vie, et qui disent : Ne prophétise pas au nom de l'Eternel, ou tu mourras de notre main ! C'est pourquoi Ainsi parle l'Eternel des armées : Voici, je vais les châtier ; les jeunes hommes mourront par l'épée, leurs fils et leurs filles mourront par la famine . Aucun d'eux n'échappera ; Car je ferai venir le malheur sur les gens d'Anathoth, l'année où je les châtierai " (Jérémie 11.18-23).
Une lecture profonde et attentive du prophète Jérémie conduit à la conclusion qu'il existe un abattoir familier, parce qu'il existe un agneau (comme lui-même Jérémie

) familier selon les méchants. La famille du prophète Jérémie (c'est-à-dire les gens d'Anathoth) projeta de le conduire à l'abattoir familier, pour l'exécuter comme une victime destinée à la boucherie. Animés d'une méchanceté extrême, les gens d'Anathoth décidèrent d'éteindre le ministère prophétique du prophète Jérémie, et d'en finir même avec le prophète lui-même. Mais ironiquement et hypocritement, ils ordonnèrent au prophète Jérémie d'arrêter de prophétiser au nom de l'Eternel, s'il voudrait encore rester en vie. Or, même si le prophète Jérémie cessait de prophétiser au nom de l'Eternel, les bouchers sataniques, gens d'Anathoth devaient toujours chercher à le détruire, puisqu'ils disaient : " … Détruisons l'arbre et son fruit ! Retranchons - le de la terre des vivants, et qu'on ne se souvienne plus de son nom "(Jérémie 11.19) ! L'arbre que voulurent abattre les gens d'Anathoth, c'était le prophète Jérémie. Le fruit qu'ils voulurent détruire, c'était le ministère prophétique du prophète Jérémie qui certainement dénonçait leurs œuvres maléfiques.

Selon l'expérience du prophète Jérémie, lorsque vous avez un ministère, vos ennemis se lèveront contre vous pour vous détruire, et pour détruire votre ministère. Lorsque vous avez une activité professionnelle, ceux qui vous combattent la combattront aussi, et chercheront même à la détruire, jusqu'à vouloir effacer tous vos souvenirs, comme les gens d'Anathoth décidèrent de détruire Jérémie jusqu'à souhaiter qu'on ne s'en souvienne plus de son nom sur la terre. Qui est contre toi ? Qui te regarde et te considère comme un agneau, comme une bête destinée à la boucherie ? Sais-tu que les méchants sorciers de ce monde te considèrent comme un animal bon à passer à l'abattoir pour leur profit ? S'ils n'ont pas épargné Jérémie dans leurs méchants projets, les méchants ne t'épargneront non plus. Mais, si tu es dans le Seigneur Jésus-Christ, si tu gardes une bonne communion avec l'Eternel comme ce fut le cas du prophète Jérémie, l'Eternel Jésus te révélera toujours les choses cachées, jusqu'à exposer tous les méchants projets

de tes ennemis, afin d'assurer ta sécurité au détriment de ceux qui en veulent à ta vie. Comme il le promit à Jérémie son Saint Serviteur, l'Eternel châtiera à coup sûr tous ceux qui veulent te détruire dans leur abattoir de sorcellerie.
À cause de son ministère, les gens d'Anathoth voulurent tuer Jérémie, c'est pourquoi à cause de ton ministère, de ton foyer, de ton élévation, de ta prospérité, de ton émergence, de tes enfants, de tes affaires ou de tes entreprises, les bouchers sataniques, tueurs du destin, essaieront toujours de te tuer jusqu'à vouloir effacer ton souvenir, jusqu'à vouloir effacer ton nom sous le soleil. Mais gloire soit rendue à l'Eternel notre Souverain Seigneur, notre Dieu , l'indomptable de Jacob, qui te dit aujourd'hui comme il dit à Jérémie hier : " Ils te feront la guerre, mais ils ne te vaincront pas ; car je suis avec toi pour te délivrer, dit l'Eternel " (Jérémie 1.19).
Jérémie était déjà destiné à l'abattoir familier, mais le Seigneur, l'Eternel des armées l'a délivré gratuitement des mains des bouchers sataniques, des tueurs de destinée. Quant à toi, quels que soient ceux qui en veulent à ton âme, ils ne pourront pas te détruire dans leur abattoir, même si pour eux tu étais déjà comme une marchandise vendue avec mention " Payée comptant livrée " , car l'Eternel te déclare : " … C'est gratuitement que vous avez été vendus, et c'est sans argent que vous serez rachetés " (Esaïe 52.3).

Prions maintenant :

- Eternel Dieu des armées célestes, que l'on sache sur la terre et en tout temps que tu es l'imbattable guerrier de tous les temps, le redoutable Seigneur des guerres, au nom puissant de Jésus-Christ.

- Que ton feu descende comme un jugement sur tous les tueurs de destinée acharnés contre mon ministère, contre ma carrière professionnelle, contre mon foyer, contre mon âme et mon fruit , au nom puissant de Jésus-Christ.
- Roi des rois, Seigneur Vainqueur de toutes les guerres dans les cieux, sur la terre , et sous la terre, étends ta droite triomphante sur tous les bouchers sataniques déchaînés contre moi et mon fruit, au nom suprême de Jésus-Christ de Nazareth.
- Père Tout-puissant, Dieu fort dans les combats, lève-toi, et que tes ennemis se dispersent, lève-toi, et que ceux qui combattent mon ministère et mes avoirs tombent dans la honte et dans la confusion totale au nom souverain de Jésus-Christ.
- Ô Dieu des armées, défends ma cause contre les bouchers qui veulent m'égorger sur leurs autels, dans leurs abattoirs, au nom de Jésus-Christ.
- Tout abattoir familier dressé contre mon ministère, contre ma carrière professionnelle, prend feu et soit totalement consumé au nom de Jésus-Christ.
- Au nom de l'Eternel des armées, je me tiens sur le rocher inébranlable, Rocher des siècles, et je détruis toute confrérie de bouchers sataniques dans mon entourage, dans mon village, dans ma nation, dans ma cité et dans tout mon quartier, au nom puissant de Jésus-Christ.
- Je décrète la confusion dans le camp des bouchers sataniques au nom de Jésus-Christ.
- Je paralyse tous les bouchers Spirituels qui me destinaient à l'abattoir au nom de Jésus-Christ.
- Je refuse d'être égorgé comme un animal à l'abattoir au nom de Jésus-Christ.
- Je confesse et je crois que Christ l'agneau de Dieu a passé par l'abattoir à ma place, afin que moi je ne passe point par là au nom de Jésus-Christ.

- Esprit de l'Eternel des armées, lève-toi ô Dieu, et combats tous ceux qui en veulent à mes souvenirs au nom de Jésus-Christ.
- Tout ennemi de mon souvenir soit foudroyé au nom de Jésus-Christ.
- Toute sorcellerie de l'abattoir familier contre mon âme et mon ministère prend feu et brûle au nom de Jésus-Christ.
- Esprit de vérité et de puissance, détruis ceux qui veulent me détruire, et bénis ceux qui me veulent du bien au nom de Jésus-Christ.
- Mon Père et mon Dieu, relâche le tonnerre contre l'ennemi de ma destinée, au nom souverain de Jésus-Christ.
- Maître de l'univers, Père des armées, rois des batailles toujours remportées par ceux qui t'aiment et te servent, mets hors d'état de nuire, toute confrérie des géants sataniques au nom de Jésus-Christ.
- Esprit de l'Eternel des armées, brise les dents des méchants sorciers qui projettent de me détruire, au nom de Jésus-Christ.
- Abattoir de sorcellerie dressé contre moi , soit détruit au nom de Jésus-Christ.
- Toute maison servant d'abattoir à mes ennemis contre moi et contre ma famille prend feu aujourd'hui et maintenant, au nom .
- Père souverain, toi qui protégeas ton prophète Jérémie face à tous ceux qui le destinèrent à l'abattoir, protège moi contre tous les bouchers sataniques déchaînés contre ma vie et mes souvenirs au nom de Jésus-Christ.
- Christ s'est livré à la croix comme un agneau destinée à l'abattoir, afin que moi je ne sois pas livré (e) au nom de Jésus-Christ.
- Dieu Tout-puissant, Seigneur des combats et des combattants, frappé par ton épée tout boucher qui cherche mon âme au nom de Jésus-Christ.
- Toute maison Spirituelle ou physique servant d'abattoir dans mon village, prend feu au nom de Jésus-Christ.

- Tout lieu servant d'abattoir dans ma ville natale prend feu au nom de Jésus-Christ.
- Tout magasin pris comme une boucherie dans mon quartier, brûle complètement au nom de Jésus-Christ.
- Tout égorgeur choisi ou désigné pour m'égorger dans une boucherie quelconque, prend feu au nom de Jésus-Christ.
- Eternel des armées, détruis les plans de mes ennemis acharnés contre mon ministère, contre ma marche avec toi, au nom puissant de Jésus-Christ.
- Eternel des armées, lève-toi en ce moment, et châtie tous les bouchers sataniques qui me considéraient comme une bête à abattre au nom puissant de Jésus-Christ.
- Père, que ta puissance soit relâchée contre tous les bouchers sataniques de ma nation au nom de Jésus-Christ.
- Toute confrérie de femmes et d'hommes diaboliques voulant me détruire jusqu'à mes racines , jusqu'à mon fruit, au nom de Jésus-Christ.
- Maître des guerres , que ta puissante main soit tendue contre les tueurs de destinée qui sont sur ma piste au nom puissant de Jésus-Christ.
- Vous bouchers sataniques, que le tonnerre vous frappe et paralyse vos mains au nom de Jésus-Christ.
- Je tends ma main contre tous ceux qui en veulent à ma vie, et je les précipite sur une pente glissante au nom de Jésus-Christ.
- Dieu des apôtres et des prophètes, délivre-moi des bouchers sataniques qui lancent des assauts maléfiques contre moi au nom puissant de Jésus-Christ.
- Que le feu du ciel tombe sur tous les abattoirs sataniques dans le monde , au nom de Jésus-Christ.
- Je couvre mes souvenirs glorieux dans le sang de Jésus Christ.

- Tout être qui m'a livré (e) à la boucherie, soit détruit au nom de Jésus-Christ.
- Eternel des armées, attaque ceux qui m'attaquent, et détruis ceux qui veulent me détruire, au nom puissantissime de Jésus-Christ.
- Père , Seigneur des esprits, réprime Satan et son armée au nom de Jésus-Christ.
- Mon Dieu et mon Père, viens et entre dans mes combats, dévoile toutes les stratégies de guerre de mes ennemis, au nom de Jésus-Christ.
- Père et Maître des cieux et de la terre , répands ta fureur sur tous les ministres de l'abattoir familier au nom de Jésus-Christ.
- Eternel, détrône tous les seigneurs des abattoirs sataniques qui délibéraient contre moi et ma famille, au nom de Jésus-Christ.
- Dieu suprême, règne puissamment sur ma vie, et donne moi toujours la victoire sur tous mes oppresseurs au nom de Jésus-Christ.
- Esprit Saint, révèle moi les conspirations et stratégies de mes ennemis, au nom de Jésus-Christ.
- Mon Père, mon Père, Dieu d'Israël, brûle tout royaume de sorcellerie familiale qui en veut à mon âme au nom de Jésus-Christ.
- Ô Seigneur, que ceux qui ont délibéré contre moi n'ouvrent plus jamais leurs bouches contre moi au nom de Jésus-Christ.
- Souverain Seigneur, éloigne de moi les cannibales, et détruis leur ruse sanguinaire au nom de Jésus-Christ.
- Seigneur des armées, que ton vent impétueux emporte et renverse tout boucher oeuvrant contre moi, au nom puissantissime de Jésus-Christ.
- Au nom de Jésus-Christ, j'abats ceux qui voulaient m'abattre au nom de Jésus-Christ.
- Je descends ceux qui veulent me descendre au nom de Jésus-Christ.

- Je condamne à mort tous ceux qui me condamnaient à la boucherie, au nom puissantissime de Jésus-Christ.
- Je sors de tout abattoir familier qui me réclame au nom de Jésus-Christ.
- Je sécurise mon fruit et tous ses avoirs au nom de Jésus-Christ.
- Je prends autorité sur les confréries démoniaques déchaînées contre moi et mon ministère, et je les détruis au nom de Jésus-Christ.
- Je détruis l'autel de l'abattoir familier où j'étais déjà posé (e) comme victime à abattre, au nom de Jésus-Christ.
- Je proclame ma délivrance, quittant miraculeusement cet autel de l'abattoir familier, au détriment des bouchers sataniques et de leurs livreurs au nom de Jésus-Christ.
- Tout livreur satanique ayant livré ma vie à la sorcellerie, prend feu au nom de Jésus-Christ.
- Toute livraison de ma vie et de mes activités effectuée à l'abattoir familier soit annulée aujourd'hui et maintenant, par le Saint sacrifice du Christ agneau de Dieu sur la croix , au nom précieux de Jésus-Christ.
- Eternel des armées, détruis tous les livreurs d'âmes qui pillent ton peuple impunément au nom de Jésus-Christ.
- Père Saint, que ton feu de déchaîne contre toute méchanceté domestique dans ma famille au nom de Jésus-Christ.
- Tout-puissant guerrier de tous les siècles, Suprême Maître de l'univers, remplis-moi de ta présence, et vide-moi de la mort envoyée par l'abattoir familier au nom de Jésus-Christ.
- Tout cercle familial de sorcellerie où est invoqué mon nom soit détruit par sept Tonnerres au nom puissantissime de Jésus-Christ.

- Tout abattoir des chefferies traditionnelles réclamant ma vie ou celle d'un membre de ma famille, soit déstabilisé, renversé et incendié maintenant au nom puissantissime de Jésus-Christ.
- Je te loue Père, Seigneur du Ciel et de la terre , car gratuitement, tu m'as délivré (e) de l'abattoir familier où ténébreux au nom de Jésus-Christ.
- Tout ministre de l'abattoir familier levant contre moi son épée, soit violemment secoué et foudroyé au nom puissantissime de Jésus-Christ.
- Toute épée des bouchers sataniques levée contre moi soit fracassée par le tonnerre au nom puissantissime de Jésus-Christ.
- Tout bois servant d'autel de sacrifice aux bouchers sataniques prend feu maintenant au nom de Jésus-Christ.
- Tout autel des holocaustes réclamant ma chair et mon sang à la boucherie satanique , prend feu maintenant au nom de Jésus-Christ.
- Je détruis les colonnes de l'abattoir familier oeuvrant contre moi au nom de Jésus-Christ.
- Toute synagogue de Satan servant d'abattoir soit violemment secoué depuis sa fondation et renversée par un ouragan impétueux au nom de Jésus-Christ.
- Tout sacrificateur diabolique en service contre moi à la boucherie prend feu maintenant au nom de Jésus-Christ.
- Tout servant de messe maléfique en service à l'abattoir familier contre ma destinée prend feu maintenant au nom de Jésus-Christ.
- Toute messe noire célébrée à l'abattoir familier contre ma destinée, soit réduite à l'impuissance au nom de Jésus-Christ.
- Tout Seigneur de l'abattoir familier dans mon village et dans ma cité prend feu maintenant au nom de Jésus-Christ.
- Tout argent donné dans les ténèbres contre mon âme soit détruit au nom de Jésus-Christ.

9. Confondre ceux qui jeûnent contre vous : (Actes 23.12-35)

Sous le soleil, animés d'une méchanceté diaboliquement extrême, vos ennemis sont capables de se soumettre dans le jeûne sans délai, juste pour vous détruire et vous effacer de la surface de la terre. Ils peuvent aller jusqu'à faire des imprécations contre eux-mêmes, galvanisés par une assurance satanique qu'ils vous feront tomber, qu'ils vous verront descendre dans l'étang ardent de feu. Ce fut le cas pour les fauves qui firent les imprécations contre eux-mêmes et se soumirent dans un jeûne sans délai, dans l'optique de faire tomber la tête de Paul, apôtre de Jésus-Christ, serviteur loyal du Dieu Tout-puissant. À propos, la Bible déclare : " Quand le jour fut venu , les juifs formèrent un complot, et firent des imprécations contre eux-mêmes, en disant qu'ils s'abstiendraient de manger et de boire jusqu'à ce qu'ils eussent tué Paul. Ceux qui formèrent ce complot étaient plus de quarante, et ils allèrent trouver les principaux sacrificateurs et les anciens, auxquels ils dirent : Nous nous sommes engagés, avec des imprécations contre nous-mêmes, à ne rien manger jusqu'à ce que nous ayons tué Paul. Vous donc , maintenant, adressez-vous avec le sanhédrin au tribun , pour qu'il l'amène devant vous, comme si vous vouliez examiner sa cause plus exactement ; et nous, avant qu'il approche, nous sommes prêts à le tuer . Le fils de la sœur de Paul, ayant eu connaissance du guet-apens, alla dans la forteresse en informer Paul. Paul appela l'un des centeniers , et dit : Mène ce jeune homme vers le tribun , car il a quelque chose à lui rapporter. Le centenier prit le jeune homme avec lui , le conduisit vers le tribun , et dit : Le prisonnier Paul m'a appelé, et il m'a prié de t'amener ce jeune homme, qui a quelque chose à te dire. Le tribun , prenant le jeune homme par la main, et se retirant à l'écart, lui demanda : Qu'as-tu à m'annoncer ? Il répondit : Les juifs sont convenus de te prier d'amener Paul demain devant le sanhédrin, comme si tu devais t'enquerir de lui plus exactement. Ne les écoute pas, car plus de quarante d'entre eux lui dressent un guet-apens, et se sont engagés, avec des imprécations contre eux-mêmes, à ne rien manger ni boire jusqu'à ce qu'ils l'aient tué ; maintenant ils sont prêts, et n'attendent que ton consentement. Le tribun renvoya le jeune homme, après lui avoir recommandé de ne parler à personne de ce rapport qu'il lui avait fait. Ensuite, il appela deux des centeniers et dit : Tenez prêts, dès la troisième heure de la nuit, deux cents Soldats, soixante-dix cavaliers et deux cents archers , pour aller jusqu'à Césarée. Qu'il y ait aussi des montures pour Paul, afin qu'on le mène sain et sauf au gouverneur Félix…" (Actes 23. 12-35).

Avez-vous attentivement lu ce texte Biblique susmentionné ? Quelle science tirez-vous de ce texte très instructif ? Comprenez-vous le raisonnement stratégique des hommes animaux qui voulurent à tout prix abattre l'apôtre Paul ? Certainement dans l'ombre, il ya aussi des satanistes qui jeûnent pour vous tuer, pour détruire vos affaires, pour ruiner votre carrière professionnelle, pour détruire vos études, pour vous déloger de votre poste de service, pour vous déloger de votre foyer, pour vous priver de bonheur, pour vous empêcher de concevoir et d'enfanter, pour vous enfoncer dans la misère fatale, pour vous précipiter à la tombe , pour semer la confusion dans votre maison ou dans votre ministère, pour renverser votre ministère et effacer votre souvenir de la surface de la terre. Plusieurs certainement jeûnent pour vous nuire, pour vous décimer complètement afin de s'en réjouir de votre malheur. Certains jeûnent certainement contre vos projets afin qu'ils n'aboutissent jamais comme vous le souhaitez fort bien, mais si vous êtes et demeurez attachés à Jésus-Christ jour et nuit, l'Eternel vous dévoilera toujours tout guet-apens formé dans l'ombre contre vous, et il vous mettra toujours hors de tout danger, au détriment de ceux qui en veulent à votre vie.

Prions maintenant :

- l'Eternel est mon Berger, je ne manquerai de rien au nom de Jésus-Christ.
- l'Eternel est ma haute retraite, et en lui je trouve mon refuge maintenant et à jamais, au nom de Jésus-Christ.
- Le nom de l'Eternel des armées est une tour forte pour le juste, et je me cache aujourd'hui et maintenant dans ce nom de Jésus-Christ.
- l'Eternel me fait reposer dans de verts pâturages, il me dirige près des eaux paisibles, il restaure mon âme , au nom puissantissime de Jésus-Christ.
- La droite triomphante de l'Eternel des armées me conduit dans les sentiers de la justice, en toute sûreté, nonobstant les complots malveillants des fauves déchaînés contre mon être au nom de Jésus-Christ de Nazareth.
- Quand je marche dans la vallée de l'ombre de la mort, je ne crains aucun mal, car l'Eternel mon Rocher et ma sécurité est avec moi jour et nuit, au nom de Jésus-Christ.
- La houlette et le bâton tout-puissant de l'Eternel des armées me rassurent, et je marche et vis avec assurance dans ce monde parsemé d'embûches et de méchantes bêtes féroces au nom puissantissime de Jésus-Christ de Nazareth.
- Eternel des armées, dresse aujourd'hui et maintenant une table devant moi , en face de mes adversaires, pour ma sécurité et celle de mes avoirs sans marginaliser ma famille entière et son patrimoine au nom puissant de Jésus-Christ.
- Père saint, oins d'huile ma tête pour une coupe débordante de gloire et de succès au détriment de mes ennemis, au nom puissantissime de Jésus-Christ.

- Ô Dieu d'Israël, Berger éternel et fidèle de tous les temps, ordonne à tous les malheurs déchaînés contre de s'éloigner de ma destinée dès aujourd'hui et maintenant au nom puissantissime de Jésus-Christ.
- Roi des rois, Seigneur des seigneurs, confonds tous ceux qui jeûnent contre ma vie et ma famille, au nom de Jésus-Christ.
- Maître des cieux et de la terre, toi qui connais tous les secrets cachés des coeurs humains, dévoile moi tous les mauvais desseins formés par mes ennemis contre ma vie et ma famille au nom de Jésus-Christ.
- Eternel des armées, détruis tout envoûtement pratiqué contre moi par mes oppresseurs au nom de Jésus-Christ.
- l'Esprit de l'Eternel est sur moi, et je détruis toute confrérie des sorciers qui jeûnent contre moi , contre ma vocation, contre mon ministère, contre ma famille, au nom Puissant de Jésus-Christ de Nazareth.
- Dieu des révélations, révèle toi à moi jour et nuit, et montre-moi toujours tous les plans de mes ennemis au nom de Jésus-Christ.
- Que le feu de l'Eternel consume tout sanhédrin satanique siégeant religieusement contre moi et ma famille au nom de Jésus-Christ de Nazareth.
- Eternel des armées, étends ton bras Puissant contre tous ceux qui me déchirent par leurs langues maléfiques au nom de Jésus-Christ.
- Tout complot formé par des confréries démoniaques contre moi soit réduit à néant au nom de Jésus-Christ.
- Toute déclaration de guerre faite contre moi par les satanistes tourne en ridicule contre eux-mêmes au nom puissantissime de Jésus-Christ.
- Je suis ministre de l'Eternel des armées, et je désarme tous les esprits armés contre moi au nom de Jésus-Christ.
- Je désarme tous les soldats sataniques armés contre ma famille et moi, au nom de Jésus-Christ.

- Par le feu du Saint-Esprit, je relâche la confusion dans le Camp de ceux qui jeûnent et prient contre moi au nom de Jésus-Christ.
- Que la honte et le déshonneur s'emparent de ceux qui me font la guerre au nom de Jésus-Christ.
- Que le jeûne de mes ennemis contre moi tourne en ridicule contre eux-mêmes au nom de Jésus-Christ.
- Je déstabilise tout camp ennemi ligué contre moi au nom de Jésus-Christ.
- Je divise et confonds les langues maléfiques de mes ennemis au nom de Jésus-Christ.
- Que le sanctuaire satanique dans lequel mes ennemis incantent contre moi et ma famille prenne feu aujourd'hui et maintenant, au nom de Jésus-Christ de Nazareth.
- Que le sanhédrin conspirant contre moi diaboliquement soit ébranlé par une foudre violente et irrésistible au nom de Jésus-Christ.
- Tout souverain pontife ou souverain sacrificateur diabolique se prononçant contre moi devant le sanhédrin soit frappé par correction au nom puissantissime de Jésus-Christ.
- Toute confrérie des prélats délibérant contre moi dans un culte occulte, prend feu maintenant au nom de Jésus-Christ.
- Je saccage tout temple ténébreux opérant dans le noire contre ma vie au nom de Jésus-Christ.
- Tous ceux qui jeûnent contre moi jeûnent contre eux-mêmes au nom de Jésus-Christ.
- Je suis intouchable, par le sang de l'agneau de Dieu qui me couvre, au nom de Jésus-Christ.
- Eternel, libère mes aides de destinée, et fais les détruire et déjouer tout guet-apens formé contre moi au nom de Jésus-Christ.

- Dieu des armées célestes, que tes chars de guerre descendent en ma faveur contre ceux qui incantent contre ma vie au nom de Jésus-Christ.
- Eternel, réprime Satan et ses alliés qui en veulent à ma vie et à ma famille au nom de Jésus-Christ.
- Elohîm des armées, que ta puissance Souveraine détruise tout guet-apens formé contre ma carrière et ma famille au nom de Jésus-Christ.
- Dieu des victoires incommensurables, lève-toi contre tous les conspirateurs qui veulent me détruire, et donne-leur le salaire que méritent leurs œuvres et leurs pensées diaboliques selon ta justice au nom de Jésus-Christ.
- Toute peur créée en moi par mes ennemis soit délogée de ma vie au nom de Jésus-Christ.
- Tout royaume de sorciers et sorcières levé contre moi de jour comme de nuit prend feu maintenant au nom de Jésus-Christ.
- Reine de la méchanceté, je te précipite aujourd'hui et maintenant dans le lac de feu au nom de Jésus-Christ.
- Tout roi saisi par mes oppresseurs contre moi juge et condamne tous mes oppresseurs au nom de Jésus-Christ.
- Je confonds ceux qui voulaient me confondre au nom de Jésus-Christ.
- Je détruis tous ceux qui voulaient me détruire au nom de Jésus-Christ.
- Tout ange maléfique invoqué contre moi par les imprécations de mes ennemis soit stoppé et détruit par le feu du Saint-Esprit au nom puissantissime de Jésus-Christ.
- Je mets à jamais Satan et ses alliés dans le jeûne pour leur propre destruction au nom de Jésus-Christ.
- Je suis libéré de tout guet-apens formé contre moi au nom de Jésus-Christ.
- Je sors des chaînes et des prisons sataniques au nom de Jésus-Christ.
- Gloire à toi Eternel, pour ma délivrance au nom de Jésus-Christ. Amen.

10. Dieu chassera tes richesses du ventre de tes ennemis : (Job 20.15)

Certains ennemis ont englouti vos richesses, oui , ils ont certainement avalé vos richesses pour vous appauvrir et vous arracher le bonheur . Mais la bonne nouvelle c'est que l'Eternel chassera tes richesses du ventre de ceux qui les ont englouti, car il est écrit : " Il a englouti des richesses, il les vomira ; Dieu les chassera de son ventre " (Job 20.15). Superbe bonne nouvelle pour la délivrance de vos richesses !!! Tu peux encore retrouver ta richesse volée par l'ennemi, tu peux encore récupérer ton étoile de riche qui t'a été volée, tu peux encore retrouver la gloire de ta destinée que ton ennemi a englouti , car il vomira tout ce qui t'appartient aujourd'hui et maintenant, sous ordre et intervention de l'Eternel des armées, le Dieu grand et redoutable. Lève-toi au nom de Jésus-Christ, et prions pour ta fortune, et tu retrouveras certainement ton sourire, ton bonheur perdu et volé.

Prions debout ou à genoux :

- Eternel des armées, que l'on sache aujourd'hui que tu es mon Dieu, toi qui m'exauces toujours au nom de Jésus-Christ de Nazareth.
- Dieu des vainqueurs indomptables, dresse ton épée contre les méchantes bêtes qui en veulent à ma richesse, au nom de Jésus-Christ.
- Je me lève contre tout géant ayant englouti mes richesses, et je frappe son ventre au nom de Jésus-Christ.
- Tout ventre ayant englouti mes richesses les vomit aujourd'hui et maintenant au nom puissantissime de Jésus-Christ.

- Maître des richesses éternelles, Dieu de mon Salut, frappe dans ta colère ceux qui ont englouti mes richesses et celles de ma famille au nom puissantissime de Jésus-Christ.
- Seigneur des armées, relâche ta fureur contre les mangeurs diaboliques des richesses de ton peuple au nom de Jésus-Christ.
- Ô Dieu d'Israël, Berger de notre fortune, Seigneur de notre patrimoine, chasse nos richesses du ventre de nos ennemis au nom puissantissime de Jésus-Christ de Nazareth.
- Tout sorcier qui a englouti mes richesses et celles de ma famille vomit mes richesses au nom de Jésus-Christ de Nazareth.
- Esprit d'Elohîm, délivre mes richesses du ventre de mes ennemis, et restaure ma fortune au nom de Jésus-Christ.
- Père Tout-puissant, réduis à l'impuissance tout ennemi de mes richesses au nom puissantissime de Jésus-Christ de Nazareth.
- Tout esprit levé contre mes finances soit renversé au nom de Jésus-Christ.
- Toutes mes richesses cachées dans le ventre de mes ennemis sortent pour mon bien au nom de Jésus-Christ.
- Tout royaume des ténèbres influençant ma vie financière soit déstabilisé au nom de Jésus-Christ.
- Tout seigneur des ténèbres œuvrant contre mes richesses soit paralysé et renversé au nom de Jésus-Christ.
- Je récupère mes avoirs avalés par mes ennemis au nom de Jésus-Christ.
- Je récupère mon étoile volée au nom de Jésus-Christ de Nazareth.
- Je récupère mon ministère et mes affaires engloutis et je proclame ma restauration au nom puissantissime de Jésus-Christ de Nazareth.
- Père Saint, Seigneur du ciel et de la terre, bénis-moi et rends-moi fort riche au nom de Jésus-Christ. Amen. Amen. Amen.

11. Prière pour la délivrance générale :

- Dieu des délivrances, visite moi et délivre-moi du mal et du malin au nom puissantissime de Jésus-Christ de Nazareth.
- Ô Dieu d'Israël, Berger de mon âme, délivre mon âme de la fosse sans eau au nom puissantissime de Jésus-Christ.
- Père éternel, que ta puissance Souveraine me déconnecte de tout royaume des ténèbres au nom de Jésus-Christ.
- Mon Père et mon Dieu, rends-moi la joie de ton Salut, et délivre mon esprit des liens sataniques au nom puissantissime de Jésus-Christ de Nazareth.
- Elohîm ma forteresse et mon appui sûr, relâche ta puissance et délivre tous les membres de mon corps attachés dans les ténèbres au nom de Jésus-Christ de Nazareth.
- Roi des rois, délivre ma famille du filet de l'oiseleur et protège son patrimoine au nom de Jésus-Christ.
- Je déconnecte ma famille des Puissances sataniques au nom de Jésus-Christ.
- Je détruis tout pacte satanique signé contre moi au nom de Jésus-Christ.
- Je brise les chaînes de la sorcellerie familiale sur ma vie et ma famille au nom de Jésus-Christ.
- Je déloge tout totem logé dans ma famille au nom de Jésus-Christ.
- Je condamne à la destruction toute confrérie des Vampires réclamant mon sang au nom de Jésus-Christ de Nazareth.
- Mon Dieu, réduis au silence tous mes adversaires au nom de Jésus-Christ.
- Ô Dieu, fais-moi trouver grâce à tes yeux, et bénis-moi au nom de Jésus-Christ.
- Toute pauvreté acharnée contre moi soit détruite au nom de Jésus-Christ.

- Toutes pratiques occultes diligentées contre moi soient détruites par le feu au nom de Jésus-Christ de Nazareth.
- Seigneur, Dieu Tout-puissant, délivre tous les captifs des sectes pernicieuses de mon pays, au nom puissantissime de Jésus-Christ de Nazareth.
- Dieu de vengeance, venge moi contre tous mes ennemis au nom de Jésus-Christ.
- Rédempteur des nations, visite mon pays, mon village, et ma cité, délivre mon peuple de tout envoûtement au nom de Jésus-Christ.
- Toute pratique des spirites contre ma vie financière et Spirituelle,
- Je libère ma famille du joug de la servitude au nom de Jésus-Christ.
- Je détruis tout mauvais oeil qui projette contre moi des rayons du mal au nom de Jésus-Christ.
- Tout œil satanique jetant un mauvais sort contre ma famille prend feu maintenant au nom de Jésus-Christ.
- Que le tonnerre dévaste tout cercle satanique où ma famille est invoquée au nom de Jésus-Christ.
- Que les ennemis de ma famille et de mes affaires tombent à la renverse au nom de Jésus-Christ.
- Je détruis toute maladie mystique dans ma vie et dans ma famille au nom de Jésus-Christ.
- Je relâche la guérison divine sur ma vie, et sur les malades de ma famille au nom puissantissime de Jésus-Christ.
- Dieu des guérisons impossibles, délivre-moi et ma famille, de toute maladie opiniâtre au nom de Jésus-Christ.
- Père, change ma vie glorieusement par ta grâce et pour ta gloire au nom puissantissime de Jésus-Christ. Amen. Amen. Amen.

12. Comprendre le Combat Spirituel : (Éphésiens 6.12)

Dans toutes les confessions religieuses, on parle d'une manière ou d'une autre du Combat Spirituel. Les croyants et même les non-croyants, lorsqu'ils sont ou se sentent attaqués mystiquement, quand ils constatent que les Puissances maléfiques s'opposent à leurs projets, à leur bonheur sur terre, se lèvent souvent dans la prière de guerre pour résister à Satan et à ses démons. Seulement, nombre de gens parmi ces combattants dans le monde confondent dans la pratique quotidienne, le combat purement charnel, avec le combat spirituel. Plusieurs, au lieu de lutter efficacement contre les confréries démoniaques, contre les Puissances Spirituelles méchantes, se livrent dans une guerre charnelle contre leurs parents, contre leurs enfants, contre leurs grands-parents , contre leurs beaux-parents, contre leurs conjoints ou conjointes, et parfois même contre leurs camarades, contre leurs collègues de service. Ces gens là luttent contre la chair et le sang, c'est-à-dire font une guerre charnelle, égarées dans les doctrines des démons et parfois par des faux prophètes qui leur donnent de fausses révélations disant par exemple : " Le Seigneur me dit que ton père est sorcier, et c'est lui qui bloque ton mariage… Le Seigneur m'a révélé que ton mari est dans les loges maçonniques et il veut t'envoyer devant…Le Seigneur vient de me montrer comment ta belle famille pratique pour que leur fils (fille) te quitte… Je vois ta femme te tromper avec un autre homme et elle a même résolu de te tuer pour épouser son amant… Je vois ton enfant sortir la nuit, et il a même déjà livré toute la richesse de votre famille à la sorcellerie… Je vois l'un de tes oncles t'attacher chez le marabout… Le Saint-Esprit me dit que tes projets ne réussissent jamais à cause de ta mère, car elle est sorcière et vous a tous livrés à la sorcellerie… Ta belle-mère que tu vois là, ne regarde pas comme elle rit toujours avec toi, car c'est une vipère, oui, le Seigneur dit qu'elle s'approche plus de toi pour mieux te détruire… Ce que je vois en priant, c'est une chose terrible, car ton mari a décidé de vendre dans sa secte pernicieuse, trois personnes, notamment toi sa femme, votre deuxième enfant, et votre premier fils avec qui il fait toujours semblant d'être gentil… Ô le Seigneur l'Eternel dit que tu dois quitter ton église, car c'est un mauvais endroit, surtout parce que ton pasteur qui te montre la face d'un agneau est un loup rapace, un gros sectaire pernicieux qui cherche une occasion de te livrer… Je vois tes amis avec qui tu marches toujours, vouloir comploter pour te tuer… J'ai vu en Vision cette nuit, comment ton père et ta mère disaient qu'ils vont te sacrifier à la sorcellerie, pour que les conditions de leur vie s'améliorent pour le mieux…Le Seigneur m'a dit qu'il ya une de tes tantes qui est partie te jeter un mauvais sort chez un féticheur, et le féticheur a incanté sur ta photo pour enlever tes chances et les donner à ta tante… Mme, le Saint-Esprit me dit que l'homme qui t'a épousée là n'est pas ton mari, Dieu lui-même veut te donner le mari qu'il a prévu pour toi, et ce mari, tu le vois déjà ici même devant toi, car c'est bien moi-même ; oui, le Saint-Esprit vient de me révéler que tu es ma femme du ministère, celle avec qui je dois puissamment servir l'Eternel dans les nations, et nous allons parcourir le monde entre deux avions, toi et moi… Je vois ton patron te livrer à la rose-croix pour booster l'émergence de son entreprise… Tu dois prier contre tous ces gens qui te veullent du mal, tu dois jeûner pour que ton père meurt, car s'il ne meurt pas, tu ne pourras jamais te marier, puisque le Seigneur m'a montré que c'est lui qui est ton mari de nuit, ton mari Spirituel, et c'est lui qui détruit toujours toutes tes relations avec toute personne qui veut t'épouser, c'est pourquoi tous les hommes qui viennent vers toi te quittent toujours… Prie pour que ta mère tombe et meurt, car c'est elle qui a mis ton étoile dans la marmite de sorcellerie, et tant qu'elle vit, tu ne peux rien faire dans la vie, tu ne peux pas avoir le bonheur que tu cherches… ". Voilà quelques-unes des expressions trompeuses couramment et fréquemment utilisées par les faux ministres de Dieu, animés d'un esprit Antéchrist, pour détourner un grand nombre de la vérité, pour susciter des divisions et même des guerres dans les foyers, dans les Églises, dans les lieux de service, dans les milieux académiques et dans les familles. Ces serviteurs de satan font tout pour vous mettre en guerre contre votre conjoint, contre votre propre famille, contre votre patron que l'Eternel utilise toujours pour vous faire du bien, juste parce-que satan n'aime pas voir le genre humain comblé d'un bonheur permanent. Par de fausses révélations, le faux prophète vous monte contre votre femme ou contre votre mari, sachant que dans cette guerre, votre foyer sera déchiré pour satisfaire son maître Satan qui l'utilise pour vous détruire. C'est ici que le genre humain doit faire preuve d'un discernement sans faille, pour ne pas se laisser monter contre lui-même, contre sa propre maison, contre son propre bonheur, contre son prochain, par des esprits séducteurs, par des démons qui ne trouvent satisfaction que lorsqu'ils détruisent votre bonheur. Le combat spirituel n'est pas une guerre des conjoints, ni une guerre familiale du genre humain, ni une guerre ecclésiale, ni une guerre nationale ou internationale; il n'est pas une guerre entre employeurs et employés, ni une guerre entre élèves ou étudiants, ni une guerre entre camarades, pas même une guerre entre collègues, sinon, ce serait lutter contre la chair et le sang, contradictoirement à ce que dit l'Eternel dans les saintes écritures, par l'entremise de l'apôtre Paul, ministre loyal de Jésus-Christ notre Souverain Seigneur.

Le Combat Spirituel, c'est un affrontement spirituel, une guerre opposant les forces des ténèbres à la Puissance Souveraine de Jésus-Christ. C'est un combat des esprits sataniques contre les esprits nés de nouveau ou nés de Dieu. C'est la guerre du royaume de satan contre le Saint et invincible Royaume de Dieu. C'est une guerre au cours de laquelle les enfants de Dieu qui se tiennent réellement dans la vérité se lèvent pour affronter et mettre victorieusement hors d'état de nuire, Satan et tous ses alliés, grâce au sang de l'agneau et à la parole de leur témoignage rendu au nom de Jésus-Christ de Nazareth.

Dans le souci d'étayer divinement la lanterne des croyants en Christ et de tous les lecteurs de la sainte Bible sur la thématique du combat spirituel, la Bible déclare : " Car nous n'avons pas à lutter contre la chair et le sang, mais contre les dominations, contre les autorités, contre les principautés, contre les esprits méchants dans les lieux célestes " (Éphésiens 6.12). La lecture attentive de ce texte Biblique diligentée par l'Esprit d'Elohîm le Souverain d'Israël révèle explicitement que notre Combat n'est pas une lutte contre la chair , ni une guerre contre le sang , mais plutôt contre toutes les catégories d'armées sataniques précitées . Nous devons combattre Satan l'ennemi de notre Souverain Seigneur Jésus-Christ, sachant qu'ayant combattu contre le Camp de Dieu dans les cieux, lorsqu'il fut vaincu et précipité sur terre par l'archange Michel et ses anges , il vint , animé d'une grande fureur contre le genre humain qu'il combat jour et nuit sans cesse, reconnaissant qu'il lui reste peu de temps. En effet, il est écrit : " Et il y eut guerre dans le ciel. Michel et ses anges combattirent contre le dragon . Et le dragon et ses anges combattirent , mais il ne furent pas les plus forts, et leur place ne fut plus trouvée dans le ciel. Et il fut précipité, le grand dragon, le serpent ancien, appelé le diable et Satan, celui qui séduit toute la terre, il fut précipité sur la terre, et ses anges furent précipités avec lui. Et j'entendis dans le ciel une voix forte qui disait : Maintenant, le Salut est arrivé, et la Puissance, et le règne de notre Dieu, et l'autorité de son Christ ; car il a été précipité, l'accusateur de nos frères, celui qui les accusait devant notre Dieu jour et nuit. Ils l'ont vaincu à cause du sang de l'Agneau et à cause de la parole de leur témoignage, et ils n'ont pas aimé leur vie jusqu'à craindre la mort. C'est pourquoi réjouissez-vous, cieux, et vous qui habitez dans les cieux. Malheur à la terre et à la mer ! Car le diable est descendu vers vous, animé d'une grande colère, sachant qu'il a peu de temps. Quand le dragon vit qu'il avait été précipité sur la terre, il poursuivit la femme qui avait enfanté l'enfant mâle. Et les deux ailes du grand aigle furent données à la femme, afin qu'elle s'envolât au désert, vers son lieu, où elle est nourrie un temps, des temps, et la moitié d'un temps, loin de la face du serpent. Et , de sa bouche , le serpent lança de l'eau comme un fleuve derrière la femme, afin de l'entraîner par le fleuve. Et la terre secourut la femme, et la terre ouvrit sa bouche et engloutit le fleuve que le dragon avait lancé de sa bouche. Et le dragon fut irrité contre la femme, et il s'en alla faire la guerre aux restes de sa postérité, à ceux qui gardent les commandements de Dieu et qui ont le témoignage de Jésus. Et il se tint sur le sable de la mer"(Apocalypse 12.7- 18).

Sachant qu'il n'a que peu de temps, Satan animé d'une grande colère mène maintenant sa guerre contre les enfants de Dieu, contre ceux qui obéissent aux commandements divins. Il lutte contre tous les témoins de Jésus-Christ, essayant vainement de séduire s'il était possible, même les élus de l'Eternel notre Souverain Créateur. La guerre l'a totalement dépassé au ciel, et il est venu s'acharner contre les fils des hommes sur la terre, contre le genre humain qui craint et adore l'Eternel des armées, le Puissant de Jacob. On rencontre souvent certaines personnes de l'époque contemporaine, qui croient qu'il n'est pas important de faire le combat spirituel, car disent-elles : " Si tu attaques le diable, il va t'attaquer. Mais si tu ne l'attaques pas, il va aussi t'ignorer ". Ô mon Dieu !!! Est-ce vrai? Sont-ce là de véritables déclarations pour un homme ou une femme qui a le discernement pour comprendre les temps et les circonstances ? Pas du tout ! Car ceux qui le disent, périssent faute de connaissance. Sachez-le bien : le diable n'est pas juste pour faire ce qui est juste, car il pèche dès le commencement. Selon Apocalypse 12.7-18, il serait judicieux de reconnaître que Satan, le serpent ancien, vaincu au ciel et précipité sur la terre , descendit avec fureur pour se venger contre l'Eternel en faisant la guerre à tous ceux qui lui sont fidèles, à ceux qui gardent sa thora (la loi

), à tous ceux qui l'aiment et le servent. Le serpent ancien attaque même ceux qui ne l'attaquent pas, pour faire d'eux ses victimes, ses sujets, si ceux-là ne sont pas en Christ pour lui résister fermement au nom de Jésus-Christ. Que tu combattes contre Satan et ses démons ou pas, tu seras toujours secrètement attaqué(e) et combattu(e) par ces forces spirituelles méchantes qui sont zélées pour le mal, depuis les temps anciens. Que faire donc? Obéissez à l'Eternel, acceptez la véracité de sa parole qui déclare : " Le sort de l'homme sur la terre est celui d'un Soldat, et ses jours sont ceux d'un mercenaire " (job 7.1). Combattez le bon combat de la foi, saisissez la vie éternelle en Jésus-Christ. Ne luttez pas contre votre prochain, ne combattez aucun être de chair et de sang, ne priez pas pour tuer vos parents, vos enfants, vos collègues de service, vos conjoints, car ce ne sont pas là nos ennemis. Nous avons un ennemi en commun avec l'Eternel notre Souverain Seigneur, et cet ennemi, c'est Satan le serpent ancien, sans omettre tous ses associés anges déchus autrement appelés démons, ces derniers qui s'érigent depuis le ciel contre le Camp de Dieu, de concert avec lucifer leur impuissant maître.

Prions maintenant :

- Eternel Dieu des armées, béni soit ta présence dans ma vie au nom de Jésus-Christ.
- Père des vainqueurs, Dieu Tout-puissant, exerce jour et nuit mes mains au combat, et donne-moi la victoire éternelle sur tous mes ennemis, au nom puissantissime de Jésus-Christ de Nazareth.
- Souverain Seigneur des armées, enseigne-moi à combattre selon tes principes au nom de Jésus-Christ.
- Dieu Triomphant, confonds et détruis toutes les armées de satan qui me font la guerre au nom de Jésus-Christ.

- Ô Dieu, lève-toi, et disperse tout le royaume des ténèbres qui attaque ton Royaume au nom de Jésus-Christ.
- Je détruis toutes dominations sataniques exerçant contre moi leur souveraineté depuis longtemps au nom de Jésus-Christ.
- Toutes dominations sataniques exerçant leur pouvoir sur ma vie financière, sur ma vie spirituelle, sur ma carrière professionnelle, prennent feu aujourd'hui et maintenant, au nom souverain de Jésus-Christ de Nazareth.
- Je réduis à néant tout pouvoir souverain du monde des ténèbres qui influençait négativement ma vie et ma famille, au nom de Jésus-Christ.
- Toute base navale des dominations sataniques faisant la guerre au corps de Christ et à ma destinée, prend feu maintenant au nom de Jésus-Christ.
- Toutes confréries des dominations, esprits maléfiques, prenez feu maintenant et lâchez prise sur ma destinée au nom de Jésus-Christ.
- Eternel Roi de gloire, étends ta main puissante et détruis toute autorité satanique ayant ratifié des traités maléfiques contre moi et ma famille, contre mon pays, au nom puissantissime de Jésus-Christ.
- Toute autorité des mairies Spirituelles où sont signés des actes de mariage satanique contre ma vie sentimentale ou conjugale, soit incendiée aujourd'hui et maintenant, au nom Puissant de Jésus-Christ de Nazareth.
- Toute confrérie d'esprits méchants en guerre contre moi dans les lieux célestes, soit foudroyée et vaincue par le sang de l'Agneau, au nom de Jésus-Christ.
- Tout esprit méchant dans les lieux célestes résistant à l'ange de mon exaucement , soit paralysé par le tonnerre au nom de Jésus-Christ.
- Eternel des armées, relâche douze légions d'anges et d'archanges de guerre pour combattre et vaincre tous mes ennemis qui s'opposent à mon étoile et à

ma destinée depuis les lieux célestes, au nom Puissant de Jésus-Christ de Nazareth.

- Toute principauté satanique combattant mon bonheur, prend feu maintenant au nom de Jésus-Christ.
- Toute principauté satanique combattant mon ministère, ma famille, mes frères et sœurs, mon entreprise, soit déstabilisée et vaincue par le feu au nom de Jésus-Christ de Nazareth.
- Je renverse et réduis à l'impuissance , les dominations, les autorités, les principautés, et tous les esprits méchants dans les lieux célestes, qui tiennent des réunions secrètes contre le destin de ma nation et de ma famille, au nom de Jésus-Christ.
- Père saint et véritable, protège moi, protège ma famille, protège ma nation toute entière, protège tous tes enfants dans tous les cinq continents, contre les Puissances maléfiques au nom puissantissime de Jésus-Christ.
- Je détruis et déloge, tout esprit de sorcellerie possédant tout membre de ma famille, au nom de Jésus-Christ de Nazareth.
- Père, délivre de la sorcellerie, tous ceux qui pratiquent cette œuvre méchante au nom puissantissime de Jésus-Christ de Nazareth.
- Ô Dieu, sauve tous ceux qui sont sous l'emprise d'un faux prophète d'un faux pasteur, d'un faux prêtre, et restaure leur vie par ta grâce et pour ta gloire au nom de Jésus-Christ.
- Père juste et Puissant, déclenche un séisme Violent sous les pieds des démons qui se dressent contre ton œuvre dans le monde, au nom Puissant de Jésus-Christ de Nazareth.
- Mon Père et mon Dieu, poste tes saints anges puissamment armés autour de moi, de ma famille, de ma nation, et de mes entreprises, et qu'ils combattent victorieusement Satan qui me fait la guerre au nom de Jésus-Christ.

13. Détruis les sectes pernicieuses dans l'église et dans ta famille : (2 Pierre 2 : 1)

Le serpent ancien appelé Satan, a dans le monde entier et dans certaines églises, des hommes et femmes qui lui font allégeance, mais qui se cachent derrière le nom de Jésus-Christ, pour qu'on ne les démasque jamais. De leur nombre sont les faux prophètes et les faux docteurs, les faux prêtres, les faux chrétiens, véritables charlatans et féticheurs infiltrés subtilement dans l'église, dans le christianisme, pour faire des disciples de l'antéchrist, séduisant les âmes sensibles, entraînant à la perdition un grand nombre de personnes aux esprits faibles qui les suivent dans leurs dissolutions. En effet, il est écrit : " Il y a eu parmi le peuple de faux prophètes, et il y aura de même parmi vous de faux docteurs, qui introduiront des sectes pernicieuses, et qui, reniant le Maître qui les a rachetés, attireront sur eux une ruine Soudaine. Plusieurs les suivront dans leurs dissolutions, et la voie de la vérité sera calomniée à cause d'eux. Par cupidité, ils trafiqueront de vous au moyen de paroles trompeuses, eux que menace depuis longtemps la condamnation, et dont la ruine ne sommeille point" (2 Pierre 2.1-3). Aujourd'hui, cette prophétie de l'apôtre Pierre ne s'est-elle pas encore vérifiée ou accomplie ? Elle se vit, et se voit, et se confirme dans l'église du siècle présent, car au lieu de servir l'Eternel, plusieurs trafiquants ont transformé la maison de Dieu en un véritable marché central, c'est pourquoi, au nom de Jésus-Christ qu'ils renient par leurs œuvres, ils vendent des pierres, des balais, des huiles, leurs propres effigies, de l'eau, des papiers, qu'ils qualifient de choses bénies, onctionnées. Ils ont introduit le feu étranger dans l'église, animés des esprits de grenouille , ayant pour dieu, leurs propres ventres, reniant leur créateur et Rédempteur des nations. Un grand nombre de personnes les suivent dans leur égarement, comme des brebis destinées à

l'abattoir, ne cherchant pas réellement le véritable Seigneur Jésus-Christ qui fit un fouet et chassa de son temple, tous les vendeurs et acheteurs, renversant les tables ou comptoirs des commerçants qui firent du temple de l'Eternel une caverne de voleur, un repaire de brigands, une maison de trafic (lire Jean 2.13-17; Matthieu 21.12-13 ; Marc 11.15-17 ; Luc 19.45-46). Ces faux ministres de Dieu, ont introduit sournoisement l'occultisme, le spiritisme, et le fétichisme dans la maison de Dieu, à travers des parfums occultes qu'ils appellent parfums spirituels , des savons et sels occultes qu'ils appellent spirituels , des huiles sataniques appelées huiles Spirituelles (par exemple : huiles Spirituelles brise tout, huile Spirituelle sang de Jésus, huile Spirituelle souffle de Moïse, etc). Des choses que Jésus Christ et ses ministres n'ont pas introduites dans l'Église, car il s'agit là des choses purement utilisées par les occultistes pour les prétendues délivrance ou encore l'exorcisme, reniant la délivrance au nom de Jésus-Christ telle que préconisée par Jésus-Christ notre Souverain Maître .
Si tu utilisais aussi ou encore ces parfums, sels, savons et huiles de l'occultisme te dupant ou te laissant duper par des esprits séducteurs, repens-toi, et convertis toi à Jésus Christ aujourd'hui et maintenant, car après sera certainement trop tard pour toi. Jésus-Christ le Maître de l'Église t'aime, et il t'appelle. Viens à lui, et sers-le de tout ton cœur, sans aucun mélange qui exciterait contre toi la colère de l'Eternel des armées. Prie contre les sectes pernicieuses dans l'Église, et detruis leur influence dans ta vie et dans ta famille au nom de Jésus-Christ.

Prions maintenant :

- Dieu des armées célestes, Père des apôtres et des prophètes, remplis-moi du discernement des esprits, pour démasquer distinctement les pernicieux ministres de satan infiltrés dans l'Église et dans la société en vêtements de brebis, au nom de Jésus-Christ.
- Père saint, Seigneur des armées, expose dans le corps de Christ, tous les ministres de satan cachés dans l'église derrière ton nom qu'ils blasphèment jour et nuit , au nom de Jésus-Christ.
- Toute secte pernicieuse introduite dans l'église aujourd'hui soit exposée et détruite au nom puissantissime de Jésus-Christ.
- Dieu des apôtres et des patriarches, détruis toute confrérie satanique sournoisement infiltrée dans ton église partout dans le monde, au nom de Jésus-Christ.
- Tout joug satanique imposé sur les brebis par les mains des sectaires pernicieux , soit brisé maintenant au nom de Jésus-Christ.
- Que le feu du Saint-Esprit déloge de ton Eglise Seigneur, toute secte pernicieuse, au nom de Jésus-Christ.
- Toute fausse doctrine enseignée dans l'Église de Christ aujourd'hui par des imposteurs, soit réduite à l'impuissance et rejeté par les élus de l'Eternel au nom de Jésus-Christ.
- Seigneur, combats et confonds l'antéchrist déchaîné contre ton œuvre dans le monde au nom Puissant de Jésus-Christ.
- Tout Antéchrist infiltré dans l'Église aujourd'hui soit tourmenté par le feu du Saint-Esprit au nom de Jésus-Christ.
- Eternel, garde tes élus dans ce monde, du mal et du malin, au nom de Jésus-Christ. Amen. Amen. Amen.

Table des matières

PRÉFACE..3
Lignes de Prières des soldats de Jésus-Christ
1.Revêtons-nous de toutes les armes de Dieu
(Ep 6 . 10-17)..4
2. Prions avec Éphésiens 6.12....................................6
3. Prions contre les autels sataniques 8
4. Détruis L'esprit de grenouille (Apocalypse
16.13-14)..15
5. Guerre contre les esprits des eaux (Apocalypse
9.1-11) 18
6. Délivrance des Vendus (Esaïe 52 . 3)..................20
7. Détruire les mariages Spirituels (Genèse 6.1-4)...22
8. Délivrance des brebis destinées à l'abattoir 24
9. Confondre ceux qui jeûnent contre vous :
(Actes 23.12-35)..33
10. Dieu chassera tes richesses du ventre de tes
ennemis : (Job 20.15)..39
11. Prière pour la délivrance générale........................41
12. Comprendre le Combat Spirituel :
(Éphésiens 6.12)..43
13. Détruis les sectes pernicieuses dans l'église
et dans ta famille : (2 Pierre 2 : 1)........................51

Printed by Books on Demand GmbH, Norderstedt / Germany